TIRADENTES MISSIONÁRIO

EDGARD ARMOND

TIRADENTES MISSIONÁRIO

E TEXTOS SELECIONADOS

Editora Aliança

Série Edgard Armond, cultura espírita - direitos reservados: Editora Aliança

1ª Edição, abr/2002, do 1º ao 5º milheiro

Título

Tiradentes Missionário e Textos Selecionados

A coletânea abrange:
Tiradentes Missionário
Salmos (opúsculo)
Pensamentos em Prosa e Verso

Autor

Edgard Armond

Revisão

Maria Aparecida Amaral

Editoração

K. Borba/L. Béltcheva

Capa

K. Borba

Impressão

Book RJ Gráfica e Editora Ltda.

Ficha Catalográfica

Armond, Edgard, 1894-1982
A763t Tiradentes Missionário e Textos Selecionados
1ª edição - São Paulo: Editora Aliança - 2002
128 págs.

1. Espiritismo 2. Religião I. Título
CDD - 133.9

EDITORA ALIANÇA

Rua Francisca Miquelina, 259 - Bela Vista - São Paulo - SP
CEP 01316-000 - Fone: (0xx11) 3105.5894 - Fax: (0xx11) 3107.9704
www.alianca.org.br e-mail: alianca@alianca.org.br

Índice

APRESENTAÇÃO

A Editora Aliança, reeditando os livros de Edgard Armond visa resgatar e perpetuar suas obras literárias, procurando reavivar pensamentos referentes à Nova Era do Espiritismo, revelada a ele pelos irmãos do Plano Espiritual Superior.

Este volume abarca três textos[1] de cunho intimista, se assim podemos dizer, diferindo, portanto, da grande maioria de seus livros que abordam assuntos profundos sobre religião, filosofia e ciência, mas foram aqui inseridos para registro, pois são pouco conhecidos do grande público, e para termos, assim, uma idéia geral da sua produção literária.

Em *Tiradentes Missionário*, o autor explica que o livro lhe foi "ditado por Espíritos que participaram do doloroso empreendimento historicamente denominado 'Inconfidência Mineira' e... fazendo essa publicação desobrigamo-nos de um compromisso espiritual que não poderia jamais ser olvidado."

Intrigante essa expressão de Armond: "desobrigamo-nos"...

Interessante ainda é que em todo o livro, o autor pouco nos fala sobre o alferes Joaquim José da Silva Xavier, mas a partir do 6º capítulo passa a tecer uma terna, amorosa e enlevada ode à mulher inconfidente. Inconfidente como patriótica heroína leal aos 'companheiros encarnados, agora, cooperadores da Doutrina dos Espíritos. Eis aqui outra estranha revelação de Armond.

---

[1] *Tiradentes Missionário*, editado em 1981 com 2000 exemplares, *Salmos* – opúsculo, foi impresso e distribuído em diversas solenidades, *Pensamentos em Prosa e Verso*, teve uma edição de somente 100 exemplares para distribuição entre amigos, como lembrança, em dezembro de 1940.

Neste texto sentimos com que ternura Armond se refere à mulher que vivia naquele ambiente agreste e hostil daquele tempo, em especial referindo-se à 'figura pequenina, gentil e preciosa de ***Quina***' estendendo loas à mulher brasileira em geral, e em especial às mineiras.

Salmos foi aqui incluído também como registro. Contém sete itens e é uma obra independente do seu livro homônimo já lançado por esta Editora.

Em *Pensamentos em Prosa e Verso* Armond nos fala em mocidade, poesia, juventude, período em que vemos a vida tão diferente e tão agradável e, confessa, "presta carinhosa homenagem ao seu Eu mais moço e reconhece a intuição perfeita... quando há tantos anos escrevia as mesmas verdades que hoje conhece de mais perto, como Espírito mais velho".

A Editora tem certeza que todos terão momentos agradáveis na leitura deste livro.

São Paulo, abril de 2002

A Editora

TIRADENTES MISSIONÁRIO

1
EXPLICAÇÃO NECESSÁRIA

Veio-nos às mãos, ditado por Espíritos que participaram do doloroso empreendimento historicamente denominado "Inconfidência Mineira", este emocionante poema, por desejarem esses Espíritos fazer sentir a companheiros encarnados e cooperadores, agora, da Doutrina dos Espíritos, sua leal e preciosa lembrança.

Nosso imenso país, após lutas e esforços próprios de uma nação jovem e rica, apresenta-se hoje no cenário internacional como uma grande nação, espiritualmente considerada como uma nova Terra de Promissão, Pátria do Evangelho e Coração do Mundo.

Fazendo esta publicação desobrigamo-nos de um compromisso espiritual que não poderia jamais ser olvidado.

São Paulo, 7 de Setembro de 1980

Edgard Armond

2
EM VILA RICA

I

Na tarde tranqüila, subindo a encosta, garboso tropeiro, na faixa incessante, a trote seguia.

À frente, obediente, corria a animalha.

Pesada, compacta, passadas cadentes, a tropa seguia, o pó levantando, a tudo envolvendo e um rastro deixando na estrada vermelha.

No homem que passa, moreno, tostado, ninguém advinha que alma bravia de força palpita.

Seus olhos se estendem ao vasto horizonte, buscando o infinito.

No verde ardor de seus anos, que o rosto afogueia, sentia subir do seu coração, o amor ardente que por aquela terra nutria.

Sim, tudo aquilo era seu, pois não era o seu país amado?

O ardor de su'alma mais ainda crescia ao ver, naquelas terras vermelhas, os sulcos abertos que se cruzavam, as entranhas se abrindo, para que gemas preciosas surgissem e, como lágrimas cristalinas, rolassem nas encostas, acusando a cupidez de insanos que as aguardavam, brilhando ao sol, como achados preciosos.

Mãos calejadas, rostos cansados, frementes, acariciavam, ao termo de sua busca, o fruto do seu trabalho.

Mas ele, o tropeiro passante, dizia para si mesmo:

Para que tudo isso? Riquezas da terra...

Que ao pobre faiscador não pertenciam, porque as pedras cintilantes, refletindo cores vivas, logo seguiriam para além-mar, enriquecendo e adornando estranhas beldades, de almas cúpidas enfeitadas de ricos brasões.

De seu peito viril protestos saíam e gritava e levantava os punhos, mas logo despertava de seus sonhos ao trotar dos animais que seguiam adiante.

II

Mas, teimosa, a imagem corria ao seu lado e enquanto seus olhos no horizonte vagavam, via o peito nu dos homens, maltratados, doentes, cansados na faina dos rios, mãos enrugadas subindo e descendo, na busca incessante.

Ou nas minas, na busca do ouro, enterrados e famintos, ferindo a terra e rasgando-a com mãos possantes, até que se abrisse em fulgores amarelados.

Que vida aquela! Que esforço ingrato!

Inútil era a busca insana, porque a ganância da metrópole de tudo exigia pesado tributo.

Enquanto as idéias fervilham no cérebro, enchendo seus olhos de justa ira, ao longe surgia o casario branco do amado recanto onde sempre de imprevisto chegava.

E, como por encanto, a tristeza dos pensamentos deprimentes cessava e o coração palpitava, lembrando a alegria do aconchego sereno, que em braços rosados e faces morenas, certamente encontraria.

E na luz daqueles olhos verdes ele via, encantado, refletir-se o brilho das montanhas, dos campos verdes e das gemas tão desejadas.

E então tudo esquecia sob o alento que desses olhos vinha com suavidade e doçura envolventes.

III

E o tempo corria rápido e as notícias vinham de muitas coisas íntimas que ele ouvia, compreensivo e encantado.

E novas promissoras de mais e mais companheiros que iam surgindo, trazendo incentivos à su'alma sonhadora e viril, toda entregue ao desejo de um Brasil mais brasileiro, mais rico e mais livre.

E a noite aconchegadora, morna e estrelada descia, envolvendo o povoado pequeno e, com o silêncio, o esquecimento das agruras da vida trabalhosa que levavam aquelas duas almas amantes.

Mas logo que o dia raiava e o agreste perfume das flores orvalhadas e da terra molhada se evolavam, vultos surgiam daqui e dali, buscando a morada humilde do viajante esperado.

Eram homens que abrigavam nas almas, no amor pela terra, o mesmo anseio de liberdade, de luta, para eliminarem os grilhões opressivos e escravizantes.

Homens que riscos correndo, os lares a Deus entregavam em confiança ao chefe, que os levaria, tinham certeza, à felicidade sonhada.

IV

Sobre a pequena colina acolhedora, na varanda silenciosa banhada pelo fulgor das estrelas, a casa humilde permanecia calada, de quem a visse à distância.

Mas lá dentro a chama dos corações queimava, com mais amor que antes, à luz do lampião colorido, cuja mecha ardia, espalhando claridades furtivas nos rostos austeros dos visitantes.

E ante eles, impulsionado pela força interior que o consumia, o alferes, (pois que assim o chamavam), transmitia suas idéias, seus planos, seus sonhos contagiantes, mostrando o país livre (que em breve seria), com as riquezas não mais absorvidas pela Corte estranha e devoradora.

Entre eles nenhum sentimento vil existia e todos pulsavam no mesmo desejo de libertação e prosperidade nacional.

Nesses homens valorosos que se embalavam por sonhos assim tão altos e ousados, loucos pareciam ou, por instantes, amortecidos de sentidos, pois somente assim pensaria quem da razão privado estivesse pois que, sendo tão poucos e tão desvalidos de recursos, o que sonhavam sonho somente seria, ou nuvem que o vento levasse e logo se desfizesse.

Mas assim não era, pois corações como aqueles foram a dedo apontados e predestinados a um grande destino cumprir, destino cheio de penas, de dores e sofrimentos, mas que, por certo, traria a aurora de um novo dia e como exemplo de valor seria para os que viessem depois para concretizar mais tarde aquele ideal frustrado e heróico.

Acompanhando de perto o vozerio abafado que altas horas, na casinha humilde se ouvia, podia se ouvir o mais belo apanágio à liberdade castigada, em elos presa e amordaçada.

Dos olhos brilhantes e da palavra contagiante do chefe, as maiores promessas saíam: a tudo abandonariam se a causa o exigisse, lar, amores, cidade, desde que gritassem bem alto que era livre o país e finalmente pertencente a si mesmo.

Mas refreando o ardor descompassado, vinha ele então ponderando, analisando, e tudo arquitetando de maneira tal que, sem tanto sacrifício, em pouco tempo por certo a cabo levariam a empreitada imensa e perigosa.

E era logo ouvido. Alma reta, equilibrada, era por todos estimado, como a um pai procurado, resolvendo problemas de todos, de sua vida fazendo um desdobrar constante de esforços, a todos atendendo, no recato dos lares, nas encruzilhadas das estradas fazendo o bem que podia, a cada qual trazendo a solução adequada e o concurso pessoal.

Ao alferes — por alcunha o Tiradentes — procuravam para tudo, pois de tudo sabia: estudioso e observador, acompanhava atento o desenrolar dos acontecimentos que pelo mundo ocorriam.

A vitória dos franceses sobre a monarquia vacilante, o povo liberto assumindo as rédeas do governo nacional, isso trazia ao seu Espírito maior fortaleza e grande estímulo para prosseguir na senda que traçara.

V

Em sua labuta constante várias terras percorria, indo até a Bahia criando amigos e companheiros e deixando em vários lugares núcleos de aderentes entusiastas.

Poucos recursos possuindo, preciso seria amigos fazer entre os burgueses que acumulavam bastos cabedais e que ansiavam por se verem melhor situados na vida nacional, ombreando com os nobres odiosos que de seus brasões se orgulhavam, desprezando os demais.

Era preciso que um dia seus palácios se abrissem, pelo bem ou pela força aos menos favorecidos, para compreenderem que, para viver, forçoso seria trabalhar como os demais para a terra generosa que os alimentava regiamente e com grandeza.

Era nisso pensando que os burgueses, bem situados e ambiciosos, emprestavam com prazer o seu ouro tão precioso.

O ideal seria — aos companheiros o valente lutador dizia: que tudo se conseguisse até o fim sem lágrimas, levando como pálio a cobertura da paz, conquanto a si mesmo confessava que das almas teriam de se valer e, infelizmente, o sangue derramar.

Aos amigos pedia que se malogrado fosse o que tanto acalentavam, no momento aprazado, o refúgio buscassem sem por ele esperar e, se sacrifício tivesse de ser feito, ele o faria por todos e por tudo responsável se daria.

Mas não chegava a terminar: o vozerio explodia e os protestos se erguiam dos companheiros, a solidariedade trazendo e, então tudo se aquietava e esquecido ficava na união que os estreitava.

Os meses passavam e os companheiros cresciam de número e foi assim que as fileiras engrossando, pela mão de um inconfidente, um elemento novo e importante chegava, seus préstimos oferecendo: um militar português que carregado também se encontrava de injustiças e declarava que aos companheiros não trairia, pois mais favores devia à terra hospitaleira, que tão generosa o acolhera, encontrando no brasileiro mais sentimento e calor que nos compatriotas.

De olhos pequenos a observar, com avidez guardava no coração a ambição de um dia, quem sabe, pertencer ao novo governo que se formasse; nele podiam confiar os companheiros, pois, de palavra e coração, era homem de razão e bem formado, dizia.

E, assim, com o elemento suspeito tão bem acolhido na boa fé dos honrados, formou-se quadro da trama tenebrosa da traição.

VI

Injustiça faríamos se nada disséssemos sobre a influência risonha, alegre e sempre envolvente da mulher inconfidente.

Delas a história nada contou, porque, em sua renúncia serena e humilde, nas emoções escondiam as reações naturais.

Companheiras devotadas aos ideais que serviam, em nada pareciam a outras mulheres, que na mesma época viviam envolvidas na rotina de suas vidas costumeiras de trabalhar e servir.

Para elas era tudo diferente. Os lares quase todos humildes guardavam, no seu interior, na alvura que deles se desprendia, um aconchego tão doce e eivado de um certo quê do mistério e sonho que pelo ar pairavam.

Nada as atemorizava, nem a noite escura nem as sombras que nas vielas estreitas as envolviam.

Após o trabalho árduo que de seu esforço se exigia, era preciso que, nas caladas da noite percorressem caminhos hostis, onde o perigo a cada passo surgia.

Mas como aves mensageiras, serenas e destemidas, caminhavam levando mensagens, estímulos e confiança aos corações aflitos dos que aguardavam.

E ao vê-las caminhar com tanta firmeza, nas dobras da capa, cabelos escondendo, por certo não imaginariam que junto à alvura dos seios que arfavam, mensagens importantes conduziam, da luta ingente e desigual pela conquista do ideal que irmanava tantos corações valentes.

Eram almas que vínculos de amor e fraternidade já uniam para a vida e para a morte. Da Pátria celestial conduzidas, vieram, pelas mãos generosas dos emissários divinos, trazendo em seu íntimo a fortaleza das rochas e a serenidade da bruma.

Em seus corações repousava a confiança dos companheiros, que do mundo espiritual acompanhavam de perto seus passos decididos.

Na casinha da colina, enquanto o companheiro resoluto tecia os planos, ela, quieta, lhe acompanhava os gestos, em silêncio, respeitando o esforço do trabalho generoso, mantendo no coração a chama da confiança ilimitada, na dedicação escondendo seu amor abnegado.

Para si nada exigia e essa ternura de tal forma cultivada, aumentava em seu ser a grandiosidade do amor.

Sem perceber o drama daquele coração tão perto, o companheiro cansado, por vezes decepcionado, recebia nessas horas, caindo sobre si, um influxo luminoso de alento novo que de pronto o reanimava, voltando ao trabalho com mais afincada decisão, sentindo que pequeno se tornava o corpo para expandir ao redor o imenso da força que o sustentava.

Se ao Inconfidente tecemos glórias e homenagens, à companheira, saudamos e ainda nos curvamos num preito de gratidão, pois, naqueles tempos longínquos, ninguém com tanta ternura e tal abnegação ao amor renunciou e serviu.

E nós vos dizemos num sussurro murmurante: amar desta maneira, só a mulher brasileira!

Ainda na exaltação, no valor, a figura das valentes mineiras inspiram veneração.

VII

Não esquecemos de Quina
Figura pequena, gentil e preciosa,
Corajosa e ardente
Nos ideais defendidos,
Sobretudo, por serem sentidos
Por aqueles que tanto amava,
Que su'alma venerava.
Leve e ágil como a pluma
Do passarinho gracioso,
Era a pequena adorada
Por todos os companheiros,
E, para vê-la sorrir,
A nada se furtavam,
E no sacrifício buscavam
A alegria de servir.

Moreninha, olhos vivos,
Tão escuros como a noite,
Impetuosa e viril,
Refletia em seu ardor
A noite de tempestade.
Mas, breve, alegre voltava
A deliciosa ternura
A suavidade da luz.

Boca linda e pequenina
O colorido trazia da aurora,
Vermelha e macia
Como fruta madura.
Nossa pena já não pode
Minha idéia traduzir
Tudo o quanto de verdade

E de beleza
Desejávamos transmitir
Dessa alma linda e bela!

Então, como vos falaríamos
Se vossa mente pequena
Alcançasse, não embargando
O que com tanto esplendor
Por certo entenderia?
Se a linguagem do amor
No mundo espiritual
Pudesses compreender...

Mas mesmo assim revelaremos
O porquê de su'alma bravia,
Que a todos defendia
Com tanta ânsia e calor.
Aquele ser pequenino,
Que, encerrado, trazia
Tão grande esplendor,
Que somente um coração assim
Saberia dizer, explicar
Porque seu ser palpitava
Com tanto ardor.

É que a todos que cercavam
Desejava transmitir
A grandeza exuberante
Daquele Brasil gigante,
Daquela criança grande
Que tanta riqueza tinha
Em suas entranhas,
E tanta beleza ostentava
Aos olhos que sabem ver.

Queria a todos transmitir
O esplendor da floresta,
A profundeza do abismo
Que pequeno se tornava
Ante a montanha altaneira
Que se erguia grandiosa
Dominando os horizontes.

Queria a todos gritar
Como era azul o céu,
E como se espelha, dourado,
Nas águas que estão no chão
Onde brilha a areia
Sob o fulgor do sol;
E das flores o perfume
De silvestre encanto.

Ao assim dizer,
Todo seu ser se agitava
Como pássaro engaiolado,
Querendo a todos contar
As maravilhas do mundo verde
Que vira na primavera
Quando era livre.
Na menina e em tudo aquilo
Vibrava, vinda do alto,
A energia do Criador.

Ela era assim e su'alma
Nobre e pura
Trazia do mundo espiritual
Tanta doçura
Tanta experiência bela,

Que não seria aí na Terra
Que isso compreenderíeis
Nem poderíeis sentir.

Ela foi a chama viva da Inconfidência!
E quantos sabem disso?
Nem a história sabia
Quando escrita ela foi.

A bandeira branca
Idealizada e sentida
Por aqueles corações
Tremulava em todos eles;
Foi levada a toda parte
Envolvida na certeza
De um ideal concretizado.

E com o tempo decorrido,
Tudo assentado e sentido,
Engolfados na ilusão,
Cegados, não percebiam
A manobra vil da traição.

3
No Rio de Janeiro

VIII

Enquanto se expande
A insurreição,
Eis de novo a caminho
O valente idealizador,
Por estradas conhecidas
Tantas vezes palmilhadas;
Trilhas estreitas,
Gargantas profundas
E florestas ensombradas,
Onde os índios dominavam,
Eis que segue o lutador.

Seu Espírito imperturbável
Seguia a trilha, sereno,
Tinha na fronte de ouro
O brilho que do sol fulgia
E no coração de diamante
A fortaleza invencível.

Olhos vagando pelo horizonte,
Pensamentos frente aos passos,
O cérebro cheio de planos,
O coração palpitando

De amor por tudo que via,
É o que o olhar percebia
Do cavaleiro infatigável
Que rumava para a cidade
Do vice-rei português.
Após dias de jornada
Ao seu destino chegava,
Transbordando de esperanças,
E boas novas trazia
Aos amigos que o esperavam.

No Paço, alguns brasões conhecidos
Discretos, desconfiados,
Suas idéias aguardavam.
De invasores saturados,
Ou de ambições dominados,
Nascidos em solo rico,
De esperanças cumulado;
No fundo dos corações,
Para tais também brilhava
O anseio de servir
A terra que os acolhera.

Por isso é que o mensageiro
De tão grandiosas promessas
Naquela corte encontrava
Corações hospitaleiros
Que faziam companheiros.

E as reuniões se faziam
À sombra de candelabros
Brilhantes, que refulgiam
Ao seu redor...

Tapetes, canapés e reposteiros
Discretos, que velavam o exterior...

Aquele conforto morno
Embalaria qualquer sonho
De ambição;
Mas naquele coração
Nenhuma fraqueza havia,
E sonhava com alegria
No seu pedacinho de terra morena
Lá longe!

O chão batido, mas limpo;
A alvura das paredes;
O calor do fogão rústico,
De brasas que fulguravam
Nos olhos dela!
Por nada trocaria.

E a conversa prosseguia
Mas não possuía ali
O mesmo calor que lá
Pois agora ali surgiam
Interesses que se escondiam...
Como era diferente!
E seu coração sangrava
De saudade.

Naquelas reuniões amigas
Decidiam com critério
A vida de uma nação.
E havia gente de escol
Metida na convenção,

Magistrados, militares,
Gente do povo também.

Movidos por esperanças,
Na expectativa aguardavam
A hora santa de agir.
Para assim concretizarem
O sonho que parecia
Demasiado talvez,
Por tão poucos sustentado
Mas que a morte não temiam.

Enquanto a palestra perdurava
Eram postos à disposição
Daquela vontade férrea
Que a todos conquistava,
Recursos suficientes,
Para que tudo depressa crescesse
E com rapidez frutificasse
Sem muito tempo aguardar,
Para que o perigo
Que estava a espreitar
Depressa se evitasse.

As notícias iam e vinham
Levadas por mensageiros fiéis
Que corriam dum ponto a outro.
E eram alvissareiras!

Depois de tudo acertado
Uma das coisas decididas
Era o ataque iniciar
Ao mesmo tempo

Em Minas, ao Barbacena;
E no Paço do vice-rei:
Guardado e bem guarnecido,
Cercar com gente aguerrida
Para que, vencido, caísse
Nas mãos dos inconfidentes
Ardentes e destemidos,
Capazes até mesmo
De algemas derreter.

Outro ponto combinado
Era a retirada imediata
Do solo brasileiro
Da gente da monarquia,
Que ao solo da pátria distante
Voltaria, em barcos
Que, na baía esplendorosa
Da Guanabara,
De velas içadas se manteria
Aguardando ordens urgentes,
De ferros levantar.

Parecia que uma atmosfera
De sonho envolvente
Acariciava o coração do
Inconfidente,
Vendo tudo tão depressa
Resolvido.

IX

Mas lá no amado recanto
Nem eles nem outros sabiam;
Nem por certo pressentiam
Que dois olhos traiçoeiros
E um coração mercenário
Venderiam por dinheiro
Tantas almas sonhadoras,
Tanto sonho acalentado.

E foi então que o rumor surdo
Começou a surgir e a notícia
Dentro das paredes dos lares
Foi se espalhando, como um vendaval,
Chegando de repente,
Tudo destruindo,
A todos abatendo
E após só deixando
Tristeza e desolação.

E foi assim que, a galope partindo.
Ao vice-rei tão temido,
Um estrangeiro levava
Em seu peito escondida
A mensagem da traição.
E por estranho concerto
Ou por destino cruel,
Um daqueles companheiros,
Que à conjura pertencia.

No Paço, prestigiado
Por seu ato decidido,
E seu caráter flexível,

Secreto encargo recebe:
De uma guarda acompanhado,
O companheiro buscar
E sua casa cercar,
Para que preso ele fosse
E bem caro pagasse
A traição que organizava
Contra o Reino.

Com o coração a tremer
Sem saber o que fazer
Ante a surpresa do fato,
O valente lutador
Pensou em não se entregar
Sem luta;
Mas o dever mais alto falou
De os companheiros defender
Com seu silêncio e inação...
E entregou-se à prisão.

Mas ao ver o companheiro
E constatar a traição,
Seu coração estacou,
A vista turvou-se em fogo,
Mas em pouco se refez
Do espanto,
Seu Espírito recompondo;
E o olhar do companheiro
Penetrando, como um raio,
Num momento compreendeu,
Ao ver o brilho fanado
No rosto decomposto
Daquele em quem confiara
Para desgraça de muitos.

X

Serenamente seguiu
Seu caminho, não mais livre,
Mas de escolta acompanhado.
E seu coração se comprime
Pois então lhe vem à mente
O pensamento aterrador:
E os outros?
Aquelas almas queridas
Que nele descansavam...
Almas de escol, corações
Formosos, sensitivos,
Que seria deles?

E na cela quando posto,
Seu coração esmoreceu.
E o primeiro soluço
De seu peito escapou:
"Protege-os, meu Deus!
Não permitas, Senhor,
Que suas asas se quebrem
Nas grades escuras do cárcere".

Volta-lhe então à mente
A feliz recordação
Dos dias de convivência,
Quando tanta união embalava
Os corações em comum.
E lembra a paisagem serena
Da colina pequena,
Do casario branco,
Do lugar encantado,
De seus sonhos de glória e de amor.

Lembrava dos companheiros e amigos.
Habituados à sua vontade ceder,
Em seus lábios entrever
Raras vezes o sorriso
Dos que são felizes.
Não calculavam por certo
O contingente grandioso de amor
Que por todos sentia e escondia
Sem nada dizer, mas servindo
A todos com amor desvelado.

E estava agora fechado
Naquela cela escura
Suja, sem ar e perdida
A liberdade preciosa,
E a presença acariciante
Do seu amor sem destino.

E os gonzos da porta, rangendo
Com soturna entonação,
Abria no peito a ferida
E a tristeza
Do rouxinol apanhado
E para sempre encarcerado.

XI

Enquanto isso acontecia,
Lá nas montanhas distantes
Novas surpresas surgiam.
O mesmo espanto e aflição
Surpreendendo aquelas almas
Em terrível expectação.

A notícia triste
Caiu como uma chuva gelada
Sobre todos,
E os detalhes da traição
Soavam como um lamento,
Temeroso e revoltante
Naqueles corações fieis.

Em seus cérebros atordoados
Apenas vibrava a palavra fria
Traição! Traição!
E todos a um tempo se viram
De mãos atadas,
Sem saber o que fazer;
As famílias separadas de seus chefes,
Que foram sendo levados
Sem se saber para onde.

E aos olhos habituados
A luz do sol e aos esplendores da terra
O tempo, moroso, foi passando,
Dias sobre dias, meses sobre meses,
Qual areia colorida
Na ampulheta caindo.

E a espera torturava os corações
Que, do lado de fora, ansiosos
Aguardavam, do governo distante,
A fatal decisão.
E conheceram então bem de perto
O valor das companheiras
Que, desamparadas, lutavam
Pelo sustento dos filhos
Sufocando no peito,
No frio da renúncia
A dor da separação.

Os que amigos se diziam,
Esquivos se tornaram
Com pavor das punições;
As portas se fechavam uma a uma,
E a fome rondou os lares fartos
De outrora.
Enquanto que d'Além-Mar
Arribaram figurões
De fardas reluzentes
Para a intentona apurar
E os pobres réus justiçar.

E desde logo iniciaram
A mais cruel perseguição;
E os lares acossavam
Como abutres traiçoeiros,
Na calada da noite,
Ou quando o sol, colorido,
Se achava a desmaiar no horizonte.

Como víboras venenosas, sorrateiras,
Entravam portas adentro,

E os botes sujos preparavam
Sobre as almas valentes e firmes
Que, como animais feridos no mais fundo,
Defendiam-se, com os meios possíveis,
Da desgraça e da desonra,
Na desigualdade da injuriosa
Circunstância, como o momento
E a dignidade exigiam.

E foi assim que, a poder da força,
Alicerçavam os poderosos
Os projetos nefandos que nas almas
Traziam, obedecendo a soberanos
Que pensavam através dos cérebros doentios
Dos que os cercavam.

XII

E assim dominaram esses verdugos
Corações de pedra, que somente
O fulgor do ouro fazia sorrir.
E a imensa papelada, contendo
Nefandas mentiras,
Passava de mão em mão,
Provocando o sarcasmo
Daquelas bocas que sabiam
A justiça nas dobras da túnica esconder.
Ou que massacravam corações
Desamparados, as mãos levantando
Abençoando fiéis em nome de Jesus
Que tão barato vendiam.

E foi assim,
Após aflitiva demora, desprezando
A ansiedade que dominava
As almas distantes,
Que o processo bojudo, manuscrito
Em centenas de folhas
Trouxe afinal nas laudas firmadas
A esperada condenação,
Que ao próprio vice-rei fez vacilar,
Sentir o corpo tremer
Ante penas impiedosas
Que lhe cabia executar.

XIII

Foram chamados então
De onde se encontravam isolados,
Aqueles seres cansados, desfigurados,
Para a sentença escutar.

Era penoso de ver:
Cabelos longos, emaranhados,
Rostos brancos, macerados,
Sem expressão no fitar,
Eis o que restava
Daquelas almas jovens
Corações abertos à paz.

Dentre eles, sobranceiro,
Depois do longo tempo encarcerado,
Os grilhões pesando demais,
Quase impedindo de andar,
O Inconfidente maior
Via a desolação da cena triste:
Os mesmos que trabalharam
Com tanto ardor e coragem
Trocavam acusações
Reciprocamente se culpando,
Uns contra os outros se levantando.

E a tudo ele assistia confrangido
Calado e compungido com os grilhões
A pesar mais que nunca nos membros
Arroxeados.
E foi com amargo pranto
A fechar sua garganta

Que ouviu a voz soturna
Do julgador impiedoso anunciar
Àqueles espectros de dor
A sentença firme e segura
Da morte.

Para si nada importava,
Mas o que o magoava
No mais profundo do ser,
Era o desespero incontido
Dos companheiros amados;
Nos seus olhos aterrados antever
O pavor da morte próxima.

Voltando agora, arqueado,
À cela escura,
Levava sobre si naquele instante
Toda amargura que nos outros vira.

XIV

Mas houve um outro dia
De louca alegria,
Quando a linda luz do sol
Inundava a cidade e a notícia,
Como um rastilho correu:
Que a rainha comutara para todos,
De morte para degredo
A sentença anterior.

Mas ele não, o decreto esclarecia,
Por todos pagaria
A nefanda rebelião.
Beberia até o fim, o fel
Do ódio estrangeiro
Como traidor brasileiro
Eterno exemplo seria
Da Corte, desagravada
Com o rigor que merecia.

Mas para o homem acorrentado
Aquela condenação
A seus ouvidos soava
Como a própria libertação.
O encanto daquele dia
Cheio de sol, de calor,
Inundava o seu ser
E, após tanto tempo,
Voltava ele a sorrir.

Sim. A sorrir:
Pois Deus o tinha ouvido
Pedira tanto e com tanto fervor

Que a todos se concedesse a vida
Permitindo que ele só pagasse
O pesado tributo.
E sua alegria era tanta
Que ao carcereiro espantou:
Como pode a morte um dia
Trazer tamanha alegria?

Em outras plagas, ele pensava,
Seus amigos viveriam
Bem ou mal, mas viveriam
Com a esperança a lhes florir
Novamente nos corações,
A compensação de viver
Por certo que cobriria
A falta do bem querer.
E ele só caminharia
Para as angústias da morte,
Poupando com seu martírio
A morte dos que partiam.

Depois disso sobreveio a solidão,
O isolamento cruel
Na mais terrível prisão.
Dias e noites sem fim,
Sem luz, sem ar e sem sol,
Sem amigos, sem amor,
Somente a desolação,
Mas a tudo resistia
Esse grande coração.
Tendo Deus por companhia
Esperando o grande dia
De sua libertação.

Mas, cadeias invisíveis se fizeram
Fluindo de corações amigos
Na terra e no céu,
Que por mais que a distância
Se alongasse
Não se partiriam jamais.
E seus dias se encurtavam
Como dádivas celestiais...
E a data do sacrifício
Chegou, enfim,
Às portas da prisão,
E começou a lúgubre preparação.

XV

Lá na terra distante
Sob o casario branco
As almas que solitárias ficaram
Souberam da decisão.
Sós, sem recursos, desanimadas,
Não sabiam o que fazer,
Mas bem logo resolveram
Empreender a jornada arriscada,
Para serem também parte presente
Na cena final do drama angustioso.

Vencendo tropeços,
Perigos sem fim;
Cortando atalhos, varando rios,
Atravessando florestas,
Dormindo ao relento
Com os corações aos saltos,
Por temor de imprevistos,
De palidez revestidas,
Mas valorosas, enfim chegaram
À grande cidade que guardava
Naquele momento o anseio
De um grande ideal
Sufocado, amordaçado...

Por amigos dedicados socorridas,
Repousaram por momentos,
Mas quem de perto olhasse
Todo aquele sofrimento
As lágrimas não conteria.

Quina, a pequena morena
A custo era contida na espera

Angustiosa. Alma bravia, selvagem,
Queria participar
De todo o acontecimento.
Achava que o mesmo ideal
De todos, acalentado por todos,
Deveria ser testemunhado.
Quanto a ela mesma, estava pronta
A morrer da mesma morte,
Partilhar da mesma sorte.
Não era justo, dizia; não estava certo
Ele sofrer sozinho
De todos abandonado,
A culpa que era de todos.

Pequena no porte, era grande
Na grandeza dos sentimentos.
Gritava para que ouvissem
Que levaria também
Na praça da Lampadosa
Sua cabeça corajosa
Para junto dele ficar,
Pois precisava sentir
Que, por mais que as aparências
Mostrassem que estava só,
Não o estaria e que muitos corações
Ainda a seu lado palpitariam
De respeito e de amor.

Mas não a ouviam e os soluços
Sacudindo aquele ser pequenino,
Abriam naquela alma amargura profunda,
Que parecia a caça abatida,
Exânime, a se esvair
Na dor da grande saudade.

XVI

E o dia marcado chegou
E com ele o sol, tingindo
Num grande banho de luz dourada
O infinito.
E enquanto a que tudo era dor,
No mundo espiritual, encantamento.

Falanges de Espíritos
Amigos, abnegados,
Que seguiram de perto
Os atos daquela vida heróica,
Preparavam a recepção
Tingindo de esplendor
O ambiente de paz.

E agora vemos a praça:
Regurgita de povo e armas,
E em todo o percurso
O vozerio se ergue.
Tudo foi bem preparado
Para aquela lição pública
Ao preço do sacrifício
Duma vida generosa,
Serviria de escarmento
Quem ousadia tivesse
Do feito repetir
Vendo da forca pender
A cabeça preciosa...

Mas tudo aquilo, bem se via,
De nada adiantaria
Pois a gente humilde, opressa, infeliz,

Muito em breve, a sua vez sorriria.
A tão duro procedimento
Que ao invés de apavorar os olhos
Trouxe maiores incentivos,
Deitou raízes mais fundas
Nas almas emancipadas...

XVII

E hei-lo agora que surge
Na curva da rua estreita
Caminhando calmo e firme.
E toda gritaria cessa,
Por momentos, por encanto,
Guardando o povo, silêncio
E respeito bem visível.
E enquanto alguns lábios frios
Se franzem com ironia,
Muitos mais generosos
Erguem preces a Deus
Para que em seu reino
Acolha a alma do lutador.

E as passadas se aproximam
Da escolta, cadenciadas.
Seus olhos agora inquietos
Passeiam na multidão;
Quer descobrir apenas
Em toda aquela gente
Um coração amigo.
E enfim,
Num lampejo de alegria
Vislumbra os entes queridos.
Não sabia como
Pôde tanto conseguir,
Entre tantos anônimos, descobrir,
Aqueles olhos ansiosos,
Que vertiam pranto e dor.

Seus passos diminuiu
E naquele olhar tão profundo

No supremo segundo,
Recebeu a mensagem sublime
Da eternidade do amor.

Ao ver aqueles rostos
Outrora nimbados de luz
Palpitantes de alegria,
Cobertos agora de sombras
De tristeza,
Lágrimas lhe vieram também
Aos olhos serenos.
E para abreviar tal sofrimento
Caminha agora apressado
Para o patíbulo.

Estaca ante os degraus.
Seus olhos se erguem
Buscando o Infinito azul,
E galga um a um, firmemente,
Os degraus rangentes.
E não sabe bem porque
Uma alegria nunca sentida
Canta dentro de seu coração!

À sua frente
O povo desaparece.
Sente unicamente
A atmosfera radiante de luz
A envolvê-lo.
Levanta a cabeça altiva,
E fala ao povo,
E ordena sem falar
Ao carrasco que espera

Em silêncio, sua vez;
“Cumpre amigo o teu mister.”

A corda grossa e escura
É passada pela cabeça.
Jesus lhe é ofertado,
Crucificado, frente a seus olhos,
E num ósculo amoroso
Pede ao Guia precioso,
Lembrando dos companheiros:
“Esteio da humanidade
Que as forças não lhes faltem
No exílio que vão sofrer”.
E os olhos se fecham,
E o barulho surdo
De tábuas removidas...
E a seus pés, faltando apoio,
Sente o corpo balançar
No ar...

E no silêncio que se fez
Na multidão,
Enquanto olhos parados
Seguiam sem murmurar
Aquela cena dantesca,
Su’alma se desprendeu,
E como se acordasse
Noutro lugar.
E um mundo repleto de encantos
Amor e deslumbramentos
Surgiu ante seus olhos,
Incrédulos, extasiados.

A luz espiritual
Descia como uma bênção,
Envolvendo, em jorros,
Numa suave neblina,
Embalsamando como o néctar
Precioso de mil flores,
Aquele ser ressurgido
Da morte física.

Braços carinhosos,
Corações palpitantes,
Seres queridos,
Envolviam-no em doce amplexo
Entrelaçando-o em suas auras
Refulgentes.

Uma estrada preciosa
Se abria agora à frente,
Estendendo-se além,
Varando o infinito
Banhado de luz:
O caminho da imortalidade.

E aqueles braços amigos
Amparavam exultantes
Aquela alma serena
Que ali encontrava agora
Compensação
Pelo esforço dispendido
Na tarefa confiada por Jesus
Ao seu grande coração.

SALMOS

SALMO I

1) CADA dia que passa, Senhor, nesta Tua Escola, sentimos que estamos mais próximos de Ti. Auxilia-nos para que triunfemos.

2) AQUI viemos para seguir os rumos que nos traçaste: ampara-nos com o Teu braço poderoso para que não fracassemos na luta.

3) NAS horas difíceis dá-nos a Tua mão; quando o cansaço nos invadir e o desalento quiser se apoderar de nós, dá-nos a Tua mão. Dá-nos sempre a Tua mão oh! Celeste Amigo, em todas as necessidades e fraquezas, porque somente assim, com essa divina ajuda, permaneceremos até o fim nos caminhos retos.

4) CADA dia que passa nos aproximamos da meta que és Tu e sentimos, cada vez mais fortemente, nos envolverem as vibrações do Teu santificado amor. Conserva-nos, Senhor, nesta felicidade para sempre.

SALMO II

1) QUANDO o fogo das provações se transforma em tormento insuportável, é para Ti que nossas almas se voltam, em busca de amparo, porque Tu és o orvalho bendito do céu que refresca os ardores, cicatriza as feridas; o bálsamo suave que afugenta as dores e as angústias.

2) QUAL a luz do sol que diariamente se derrama sobre a Terra, como uma Bênção, assim iluminas Tu os nossos caminhos. Olha para nós oh! Divino Amigo e ajuda-nos a vencer a dura jornada do aprendizado redentor.

3) NÃO anseia a criança, a todo o instante, pelo colo materno? Assim te pedimos que nos acolhas nos Teus braços para que neles repousemos confiadamente.

SALMO III

1) EIS que vemos esta vida como um grande monte a subir penosamente mas, lá no alto, do esplendor do Teu reino, sabemos que Tu estás e que nos chama. Toda vez que desfalecemos sentimos que esse chamamento nos reanima. Sê, pois, oh! Celeste Condutor, a energia que nos sustenta, o alento de nosso corpo, a esperança da nossa alma.

2) SOMENTE nas asas das virtudes ascenderemos às regiões sublimadas onde brilha, oh! Senhor, o Teu Reino. Nessa ascensão tormentosa, sê o cajado do nosso apoio, a luz que afugenta as trevas do mal, o alvo que está sempre acenando, a mão que nos levanta nas quedas, o sopro que perpassa como uma carícia confortante, a esperança que jamais se perde de chegar ao cimo.

SALMO IV

1) BENDITO sejas Tu, oh! Senhor, nosso mestre, nosso Redentor, nosso enlevo de amor eterno.

2) QUANDO as sombras nos envolvem o coração, é em Ti, Senhor, que pensamos, para que nos socorras, como também é em Ti que pensamos quando, exaustos, nos fogem as forças para o prosseguimento da luta. Não és Tu o nosso pastor? Quem socorre as ovelhas atemorizadas quando o perigo ronda o rebanho? Não és Tu? Assim é que confiamos na Tua constante proteção, para que o nosso coração pulse tranqüilo.

3) SE não foras Tu, Senhor, como suportaríamos as provações desta vida, sem queixumes ou desânimos, sem rebeldias ou blasfêmias? Tu és o fluido leve que apazigua, dá paciência, tranqüiliza, dá esperança e consolação.

SALMO V

1) NOSSAS almas anseiam por felicidade, Senhor, nos mundos ditosos onde o amor é a Tua lei. Abre-nos as portas desses mundos e leva-nos pela mão nas suas veredas porque Tu oh! Senhor, és o nosso Guia, a lâmpada que alumia as longínquas paisagens dos nossos sonhos.

2) QUANDO a nossa hora chegar, de regresso ao lar espiritual, será ainda a Tua lembrança oh! Compassivo, a certeza da Tua bendita proteção, que nos manterá o bom ânimo, frente às incertezas da morte. Quando a tarefa chegar ao fim, nessa hora decisiva, e os trêmulos pilares desmoronarem no pó, desvendanos as portas do mundo espiritual, leva-nos contigo nos Teus braços, para que o temor do desconhecido não nos avassale os corações aflitos.

SALMO VI

1) AJUDA-NOS, Senhor, nas lutas difíceis da redenção, ajuda-nos a revelar em nós mesmos as sublimidades do reino prometido, de amor e de glória, ao centro do qual Tu estás como um sol que fulge sempre.

2) NÃO morreste já, por nós, numa cruz? Com Teu sangue glorificando o sacrifício? Abre-nos, pois, agora, os caminhos da eternidade, para que Tua glória resplenda em nossas frontes como um selo, como um testemunho vivo da sublimidade do Teu amor por nós.

SALMO VII

1) QUE assim seja e que a Tua paz, Senhor, como uma bênção do céu, se derrame sobre nós, redimindo-nos para sempre.

PENSAMENTOS
EM
PROSA E VERSO

1
EXPLICAÇÃO

Todos nós, na mocidade, somos mais ou menos poetas porque vemos as cousas como os poetas as vêem: sem as sombras da matéria.

A juventude é um período de expansão para o corpo físico e de ilusão para o Espírito que, por isso, paira acima das cousas.

Por isso também é que vemos e sentimos a vida duma forma tão diferente e tão agradável.

Mas, com o perpassar do tempo a ilusão vai-se desfazendo e a matéria vai-se impondo, cada vez com mais força, até acabar por dominar completamente os sentidos.

E então, somente na velhice, quando as experiências se acumularam, os embates da luta e os sofrimentos poliram as arestas e as deformações da alma, é que a gema pura do Espírito refulge de novo, mas desta vez, como sabedoria.

Publicando agora estes Pensamentos presto, desta forma, uma carinhosa homenagem ao meu Eu mais moço e reconheço a intuição perfeita que o guiava quando, há tantos anos, escrevia as mesmas verdades que hoje conheço de mais perto, como Espírito mais velho.

São Paulo, dezembro de 1940

O Autor

2
VERDADE

Sentir na natureza a alma divina!
O olhar nosso se turba, em sonhos mergulhado.
A Natureza é vida estranha, vida etérea
É o Absoluto à luz dos olhos revelado.
É a transfiguração da mente na matéria.

Tu podes penetrar tão longe? Nessa essência
Tão alta do saber, não sentes que o infinito
Te envolve e te conduz às raias da demência?
Da treva à luz do sol; das flores ao granito
Da larva inerme e vil, ao sutil pensamento
Privilégio humanal — circula o mesmo alento
Força estranha que vem, de vórtices profundos;
Sopros vivos de Deus, revigorando os mundos.

Na ronda singular do eterno sofrimento
Imerso na matéria ignara, vã, sombria
Eis que o Ser evolui, jungido, atra agonia,
Ao suplício da morte e dos renascimentos.
Escravo da ilusão divina, ei-lo caminha
Vivendo qual em sonho infindo, deslumbrado
Ao resplendor de um céu, longínquo, que advinha
Pairar por sobre o véu do mundo revelado.
É sombra como homem — é luz como Entidade.
Luz e sombra a buscar pelo mundo a Verdade.

3
O CANHÃO

Olhai. Dorme o canhão. Sombrio, silencioso
É um guerreiro em repouso
Cansado de rugir — cansado de matar.
Quanta morte espalhou!
E, quanta vez, pelo ar,
Rolando, a sua voz, das fundas agonias,
Das dores mais sombrias
Os salmos entoou!

No fragor da batalha
Seu troar, rude, espalha
O terror campo afora.
E nessa hora
Maldita
Treme, vibra, palpita,
Num anseio feroz
De assassino e de algoz.

Finda a luta
Numa calma absoluta
Dorme o canhão…
Somente resta, pela terra calcinada
U'a mortalha gelada
Que envolve os mortos, pelo chão…

4
PENSAMENTO I

A radiosa visão ergueu seu alentado busto.
Toda sua fisionomia resplandecia numa luz de pureza indizível.
— Que queres tu? Perguntou. Que buscas junto a mim?
E eu respondi trêmulo e turbado:
— A felicidade, eis o que quero. Podeis dar-m'a?
E ela, a radiosa visão, estendendo os braços cintilantes:
— Cego que és!
O que desejas já está contigo.
Tu és o esplendor do mundo.
És imortal e sagrado.
Gozarás todos os bens da terra e dos céus.
Essa é a herança divina.
Tal é a felicidade.

5
COMPREENSÃO

Minha ilusão maior foi quando imaginei
— Cego que eu era então e poço de ingenuidade —
Que havia de subir, brilhar, qual fosse um rei
No cenário da vida e da humana vaidade.

E o tempo então passou... Cresci e labutei.
Do mundo suportei, sereno, a crueldade.
Que dores não sofri! Que martírios passei
Buscando sempre, louco, o ideal da mocidade!

Mas tudo em vão. Subi — jamais coroou-me a fama.
Brilhei,— mas sem fulgor, qual miserável chama
Até que me sangrasse, inerme, o coração.

Só então foi que medi, na trágica lição
A distância que vai de um sonho à realidade
E o abismo em que resplende o lume da Verdade!

6
FELICIDADE

Felicidade! Felicidade!
Nuvens do céu, que vêm, que vão.
Sombras do céu. Eis a verdade:
És um engano do coração.

Felicidade! Não creio em ti.
Só és miragem, só ficção.
Jamais na vida te conheci.
És sempre sonho, desilusão.

7
SIC TRANSIT[2]

Um suave rosto, perfeito,
Sem um senão
Maravilha!
Corpo divino onde brilha
Da sã beleza esse aspeito
Ilusão
De sombra e luz
Harmonia.

E a vida canta e fulgura
Naquele olhar
Singular
Que é risonho
Como um céu de primavera
Quanta quimera!
Ai! quanto sonho
No alvo ser de áurea brancura!

Mas, oh! Desventura

A morte vem... já se ensombra
O lindo rosto... está fria
A bela forma sem cor.

Quanta dor.

[2] Expressão latina que significa "assim passa". (Nota da Editora)

Tudo passou: alegria
Tristezas, penas de amor
Tudo passou.
E tudo o quanto malquis
E tudo o quanto ela amou.

Que a morte chegou.

A bela estátua ao país
Dos vermes vorazes vai.

Olhai:

A terra se abre; é gelada,
Sem uma gala, — Ela exclama:
Recai
Na humilde lama o que é lama,
No humilde nada o que é nada.

Coitada.

Depois, é a noite. E na noite
Da casa negra; na treva
Da sepultura sem norte
Quem pode haver que se afoite
A prescrutar? Lá se eleva
Somente a voz sibilante
Da lavra — a negra bacante
Conviva excelsa da Morte.

8
PENSAMENTO II

O amor é sempre um rebento novo que floresce na árvore da vida.

Melhor é a árvore que melhor floresce e a árvore — porque é uma manifestação de Deus, que é amor eterno — a árvore nunca deixa de florescer.

Que importa que o faça ignoradamente, na sombra, ou não produza frutos! O fruto é o alimento que dá a força mas a flor é o perfume que conduz ao sonho...

9

NOTURNO

Caem as folhas das árvores.
Caem todas pelo chão.
O vento silva nos galhos nus
Como um longo gemido
Dolorido
De aflição.

Caem as folhas das árvores
Uma a uma, pelo chão.
A vida esvai-se dos ramos hirtos
E o tronco sente o frio
Sombrio
Da solidão.

Caem as folhas das árvores
Amontoam-se no chão.
E aos céus mil braços se alteiam, secos,
Como sombras varadas
Coitadas
De maldição.

E as árvores se abraçam
Mesquinhas, lutando em vão.
Um alvo manto de neve queima
Seus corpos enregelados
Curvados
De inanição.

E a neve vai caindo
Tão fria... Que maldição!
E o vento passa, soturno, irado,
Espalhando a folharada
Amontoada
No chão.

E as pobres árvores se agitam
Como em desesperação.
Do céu sombrio e enevoado
As nuvens vêm descendo
Trazendo
A escuridão.

Oh! doce primavera
Das flores em profusão!
Onde a verdura dos prados verdes?
E os bosques rumorosos
Frondosos
Onde é que estão?

As flores todas se foram
Do frio, na perdição.
E o gelo, como um sudário,
Aos poucos vai-se estendendo
Embranquecendo
A escuridão.

As árvores já estão prostradas
Tocando quase que o chão...
E o inverno passa,
Como um pesadelo
De desgraça
Deixando morte
Desolação.

10
PENSAMENTO III

Bendito seja o amor — o sentimento misterioso — que diariamente, sobre a face da terra, opera o milagre da ressurreição do que parece morto; que realiza o advento da felicidade aos corações que vivem na tristeza, na indiferença, no tédio das cousas conquistadas.

11
VAIDADE

Orgulho ignaro esse que leva o rico
A olhar o pobre com desdém profundo.
Soberba insana! A morte não distingue
Do grande e belo o que é mesquinho e imundo.

Fausto, riqueza: Que pobreza humana!
Vaidade, orgulho: Que miséria oh! mundo.
Tudo se acaba lá na terra fria…
Tudo apodrece lá, da cova, ao fundo.

Que mortal ilusão! A vida é um sonho
Que, breve, esvai-se nesse véu tristonho
Sombrio e negro que é a Eternidade.

Cegueira humana! Para que vaidade
Se todos nós, ali, na eterna cama
Somos, da mesma forma, a mesma lama?…

12
PENSAMENTO IV

O amor é a vida e, por isso, enquanto pulsa, é sempre moço o coração para amar.

Anos talvez que passaram sobre a perdida alegria... mais eis que, súbito, a alma ressurge e desperta e volta a vibrar, a sofrer, a desejar de novo o bem que parecia perdido.

E a seiva da vida, que a seiva do amor alimenta, refloresce de novo o tronco abatido, como nos seus passados dias de fecundidade.

13
ALÉM

Quando a morte chegar não tremas. Passa ao além
Tranqüilo como um forte. A morte traz a vida
Na sombra do seu manto… E a alma é tão batida
De tempestades! Vai sem pena. A morte é um bem

É a paz cheia de luz… Ascende, pois, êxul
Ao seio do Nirvana. Ali cessam as dores.
A vida é um sonho eterno, imenso, de esplendores
E o sonho é a vida imensa, eternamente azul.

Abre os braços à morte, oh! ego, sem cuidados.
Ela é a redenção dos erros já passados
É a glorificação dos erros que hão de vir.

É um passo apenas leve e, após, tens que surgir
Mais puro, mais real, mais lúcido, contrito
Consciente, ébrio de luz, no seio do infinito.

14
PENSAMENTO V

Há muita gente que vive atormentada na luz velada do sonho e da imaginação. A vida, para esses, é redobrada ilusão porque ela mesma já é uma fantasmagoria.

❖

Viver no amor é realizar a felicidade porque o amor é a lei mais alta e mais perfeita da criação. Por ela é que se fundirão, no seio de Deus, todos os seres vivos, no termo final das evoluções.

15
CAMINHEIRO...

Oh! Que fardo angustioso este que aos ombros trago
Em contínuo arquejar!
Que sofrimentos cruéis!
Nas faces maceradas os vincos de mil dores
Se rasgam.
O olhar febril, profundo e iluminado
De fúnebres clarões,
Descansa tristemente
Nas urzes lacerantes do caminho.
Já sangram os pés.
Nas pedras onde pisam
Vão deixando estampada
De pontos vermelhos
A história dolorosa
Do meu fadário.
A poeira do caminho
Vai-me secando a umidade
Pegajosa
Do rosto.

Pelos céus
A atmosfera é densa, negra, pesada
E entra-me no peito
Ansiado
Como um veneno mortal.
Tremem-me as pernas, que a fraqueza é tanta
Que o olhar torvo já trago e a cabeça em fogo!

A esmo
Numa suprema convulsão
Meus braços se levantam
Buscando apoio...
Mas somente a treva encontram.
Então
Os joelhos vergo, ao desamparo.
O corpo vacilante enfim se abate
E o pó me envolve...

Mas ah! Triste esperança essa que, eterna,
Nas entranhas do peito inda palpita.
E eu sinto ela suster-me,
Com segurança
Porque é uma força do Além.

Quando, prostrado, na jornada desfaleço
Muito aquém do meu calvário
E os meus sentidos todos se perturbam,
Nesta sombra escura
Que me envolve
Eu vejo muito além, no horizonte,
Fulgurar a Luz
Tão diáfana, tão pura
Como se fosse um olhar de Deus.
E como ela anima o peregrino!
Como o faz resistir
Ao desespero!

Então pulsa mais vivo
O coração no âmbito do peito.
A pouco e pouco vem voltando
A vida
Ao corpo inanimado.

Mais forte, mais sutil, mais intensa
Como nunca fora
Ela volta agora.
E o cérebro se aclara.
E o olhar mais pronto
Uma amplidão maior desvenda.
E os sentimentos todos se transformam
Tornando-se
Mais meigos, mais altos e mais puros.
É uma metamorfose singular.
E assim também quanto ao cenário:
Já nem urzes nem espinhos
Mas só flores
Que a vibração bafeja mansamente.
O céu risonho
Em azul mais claro se abre.
Há um mundo de belezas sobre a terra
E sob o céu.

Então retomo o pesado fardo
Que aos ombros trago
Em contínuo arquejar.
E a tremenda jornada recomeço
Resignadamente,
Que chegou para mim a paz.
E a confiança mora
Agora
Na minh'alma.

16
PENSAMENTO VI

Como tudo o mais, o amor tem dois aspectos: um, humano, que interessa egoisticamente ao próprio ser, tendo sua base no desejo — é um fenômeno astral; outro, divino, que interessa à comunidade e tem seus fundamentos na sabedoria — é uma aspiração espiritual.

17
IMPOSSIBILIDADE

Eis tudo quanto sei da vida: um sofrimento
Que ao mesmo tempo nasce e a vida passo a passo
Rasteia como sombra. Intérmino lamento
Do ser humano a herança e, do infinito, o traço.

Um grande anseio, atroz, que vai de aumento em aumento
Por cousas cada vez mais altas, sem compasso
No mar das ambições; e, após, esse tormento
De ver que assim transcende à Vida, à Morte, ao Espaço.

Um sonho, uma ilusão: — a carne, o ouro, o gozo.
Um mal que funde um bem: — a Morte, esse repouso
Bendito nesta luta excelsa que é o viver.

Eis tudo quanto sei da Vida — o amargo bem.
Porque só Deus descerra os véus negros do Além
E tudo o quanto escapa ao humano e vão saber.

18
PENSAMENTO VII

O homem deseja sempre o enlevo de um afeto que não seja banal, comum, para que tenha um sabor *sui generis*; um afeto que não dure muito para não pôr à prova sua constância e que, sobretudo, não seja exigente para não escravizá-lo.

19
MULHER

I

A mulher deve ser na terra a mensageira
Do amor puro do céu. Suas formas tão perfeitas
Demonstram a toda luz que existem, que são feitas
Para as bênçãos do amor. A doce companheira

Do homem bruto e mau possui, no estranho porte
Todas as atrações da vida. Todo o encanto
Que d'alma se irradia; em teu riso, no pranto
No gesto e meiga voz, no olhar, em tudo é forte

A divina expressão. Espírito mais puro
Mais doce e mais sutil, sobre o mundo obscuro
Derrama a sua luz que a todos alumia.

Pois quem que não provasse ainda essa ambrosia
E quem que não gozasse embora u'a vez sequer
O encanto ideal da vida — o amor de uma mulher.

20
MULHER

II

No entanto o ser tão belo e puro, o ser perfeito
Que a todos extasia; o ser que a natureza
Inteira se compraz em rodear de beleza
É frágil como a flor mais frágil, de tal jeito

Que ao embate mais sem cor da vida desfalece.
Vive do coração toda mulher. Da vida
Só busca conhecer a imagem refletida
No espelho da ilusão — que a verdade escurece.

É um ser todo de arminho e graça, que domina
Somente pela luz esplêndida e divina
Do sentimento, luz que é a força que a enobrece.

Por isso irá também de olhos maravilhados,
Rumo dos mesmos céus, puros e irrevelados
Onde a casa de Deus em glórias resplandece.

21
PENSAMENTO VIII

Nossa alma ama o sonho porque a vida real é rude demais e cheia de desilusões e sofrimentos; dessa ingrata vida ela, nossa pobre alma, quer fruir somente aquilo que exista de bom, de suave, de belo e de harmonioso.

❖

Por isso sonha...

O sonho é a região misteriosa onde ela se refugia para furtar-se às dores e aos sofrimentos do mundo e para esquecer que vive nele, enclausurada; nesse mundo que ela sabe não possuir nada de estável, de definitivo e onde a felicidade não existe.

22
ESPERANÇA

Eu vou partir, bem vez, oh! minha amada e quanta
Saudade vai comigo aqui dentro do peito!
Quanta tristeza vai! Da mágoa o jugo estreito
Mui breve hei de sentir e a dor que a alma quebranta.

Já me não canta mais no peito — ai já não canta —
De amor o coração. O sonho está desfeito
E incerto é o fado nosso. Ansioso, ouvi, já deito
O olhar a esse futuro ignoto que me espanta.

Longe de ti como, eu, que do teu amor me alento,
Havia de vencer da vida o cruel tormento
Não tendo do teu olhar a luz que me conforta

Se não fora a esperança, ideal, que me transporta
Ao céu da crença; a esperança, ideal, que tu me deste
E que comigo levo assim qual bem celeste.

23
PENSAMENTO IX

A fantasia é uma vida nova que criamos para nós com a nossa imaginação. Nela vivemos a vida que queremos e como queremos; heróis sublimes ou mortais obscuros, nós usurpamos o poder divino e nos mudamos em criadores de mundos.

❖

Quando acordamos desse enlevo e abrimos os olhos para a realidade irreal da vida material, o mundo nos parece mil vezes pior e mais triste. É natural que isso aconteça. Pois não descemos do mundo de Deus para o mundo dos homens?

24
ALENTO...

Depois de longa ausência o olhar revive
Ao contemplar, saudoso, o rosto amado.
Novos encantos cria; novas prendas
Descobre, que não vira no passado...

Mais doce é a voz; mais meigo o olhar; mais forte
Palpita o coração dentro do peito.
Tristezas do passado, inquietas cismas,
Noites cruéis de insônia, sobre o leito

Sofridas, tão monótonas e lentas...
Tudo, num instante, a mente esquece, presa
Dessa emoção que os lábios emudece
Vencida da ventura e da surpresa.

A trêmula saudade revigora
O coração
A ausência o abranda, o ameiga
E a ilusão
Em sonho o leva, desse engano escravo,
Para a região florida e mansa
Da esperança.

25
PENSAMENTO X

A Fantasia anda sempre na frente, enquanto caminhamos; vai abrindo todas as portas, arredando todos os empecilhos e juncando de flores os caminhos por onde vamos.

Ao nosso lado, porém, fria e impassível, marcha a Realidade enlaçando-nos com seu braço poderoso; quando passamos, pisando as lindas flores que a Fantasia espalhou, sentimos que seus espinhos nos ferem, penetrando em nossos pés, sangrentos já, da longa caminhada. E toda vez que nos ferimos a Realidade sorri, disfarçando seu contentamento.

Atrás de nós, atenta, curvada para o chão, olhos vivos e sagazes, segue-nos a Sabedoria apagando, uma por uma, as manchas vermelhas de sangue que fomos deixando na poeira da estrada.

Assim caminhamos nós três, noite e dia, durante toda a vida.

26
PARTIR

Partir quando se parte em plena mocidade
Escravo da ilusão dulcíssima da vida.
Olhos cheios de fé, de luz e de ansiedade,
Alma cheia de amor, em sonho embevecida.

Chegar à estranha terra, em plena realidade
Sofrer a estranha gente... Abrir n'alma a ferida
Tão funda do pesar, da mágoa, da saudade;
Não ter onde pousar a fronte dolorida...

Partir e abandonar a casa, encanto e graça,
O lar que é abrigo e luz, na sorte e na desgraça,
Que é amor e proteção no mal como no bem.

Partir, só para quem leva, após, tudo o que tem,
Nada deixando atrás nem mesmo uma ilusão.
Só assim pode levar inteiro o coração.

27
PENSAMENTO XI

As almas irmãs, quando se encontram, se reconhecem e se beijam como amantes há muito tempo separados.

Bendito o amor que lhes iluminou o caminho e que as levou de etapa a etapa, como a duas crianças, pela mão; o amor, que lhes coroa de flores o leito macio onde hão de dormir, lado a lado, na noite escura da dor, o sono enganoso da vida.

28
FICAR

Ficar quando se fica em dura soledade.
Vivendo na lembrança atroz da despedida.
Sentindo a todo instante as mágoas da saudade,
Sofrendo eternamente as dores da partida.

Ficar quando se esvai na triste realidade
De uma separação, nossa alma dolorida.
Vivendo sempre assim, sempre a esperar quem hade
Quem pode, sem morrer, viver tão escura vida?

Ficar e adivinhar a dor dos que se vão.
E a mesma dor sentir gemer no coração
E o mesmo anseio atroz sofrer da mesma sorte!

Partir, de mundo estranho ir afrontar mistérios.
Ficar n'alma revendo eternos cemitérios.
Partir — Ficar — Deus meu: — qual dor será mais forte!

29
PENSAMENTO XII

Os homens dizem:

Eu não sou como os outros.

Não sou como a borboleta que é inconstante e que pousa de flor em flor sem nunca se deter em nenhuma.

O que resta da borboleta depois que ela passa?

Uma lembrança? Uma saudade?

O prazer deve ser gozado durante séculos.

Se o fruirmos todo, desde logo, que restará para amanhã? — um ressaibo amargo, misto de desilusão e plenitude.

30
SONHO

Sonhei que estava morto e, nesse estado, eu tinha
A estranha sensação de um gozo singular:
Senti que eras então completamente minha
Pois via, sobre mim, teu meigo seio arfar...

Se fingias, não sei... No entanto eu padecia
Por ver-te triste assim, sem alento, a chorar.
E o orvalho do teu pranto aumentava a agonia
Do meu supremo instante em mágoa a se evolar.

Depois... tudo acabou. Nas sombras da outra vida
Perdeu-se, a suspirar, minh'alma e tu, querida,
Sobre o meu corpo, aqui, ficaste abandonada.

Num susto despertei; tremia. Mesmo em sonho
Não pude ver sofrer teu semblante risonho
Não pude ver chorar teus olhos, minha amada!

31
PENSAMENTO XIII

A mulher é uma flor de carne; e muitas, inumeráveis, não passam de uma flor de carne.

Não é bom que se a desfolhe toda, porque, então — que restará da flor amanhã?

❖

Isto é o que dizem os homens, esquecendo-se que são também fracos.

Ao império do desejo, ai deles: cegos, surdos, mudos e loucos eis que gastam em um momento as energias de uma vida inteira; tudo arriscam as vezes num só lance, para colher uma flor de ilusão que murcha e se desfolha ao primeiro contacto.

32
RESSURGIRÁ

Quando tomba, afinal, o corpo aniquilado
Ao seu termo fatal de vida aqui no mundo
A alma ressurgirá, no abismo ilimitado
Do astral, fonte de luz, misterioso e profundo.

Emergirá do val de sombras, saturada
De tanto sofrimento e desengano tanto
Que, então, nem pode crer na vida sublimada
Que em torno vê pulsar com redobrado espanto.

Em mundo novo está. Seu olhar forte desvenda
Esplendores sem fim de luzes pelo céu.
Sua mente agora abarca, em golpe, toda a senda

Que ao peso da maldade insana percorreu.
Porém, prestes, sossega e, manso, envolta em prece
No calor de um conforto estranho ela adormece.

33
PENSAMENTO XIV

As cousas belas, como as desconhecidas, nos atraem; de princípio, com uma intensidade que chega a emocionar-nos enlevando-nos o coração e o espírito; logo depois, porém, começam a desaparecer, a esbater-se na penumbra; passam então a influenciar-nos menos e por fim acabamos por não senti-las mais.

Foram elas que se desfizeram, elas mesmas, por insubsistentes, ou foram nossos sentidos que se saturaram?

34
PAISAGEM

Rugem surdos trovões no céu, que se reveste
De nuvens que vertigem insana faz rolar.
Relâmpago febris inflamam o espaço e veste
O espaço inteiro e a terra a chama singular.

E o céu delira e invoca o mar que, negro, investe
Pela praia a rugir — a loucura do mar!
No seio seu, revolto, a cólera celeste
Reflete-se vibrando, imensa, pelo ar.

Depois... o sol reluz. A cólera se esvai
Da Natureza. A luz do sol na terra cai
Como se fora a luz de um sol feito de sangue...

E o céu se torna então da limpidez passada;
E o mar de novo geme a perpétua balada
Numa carícia doce à praia calma e langue.

35
PENSAMENTO XV

O afeto humano, o amor físico, são um enlevo quase sempre e nos deixamos prender em suas malhas caprichosas, deliberadamente.

Parece que o que desejamos é sentir o sentimento, sentir a emoção dessa cousa sempre igual e repetida mas sempre nova e diferente.

Mas por que é que o sentimento morre logo em seguida?

Será ele sutil demais para a nossa sensibilidade pouco apurada ou será denso demais para a vibração elevada de nosso desejo ou de nossa aspiração?

Nada disso: é porque esses sentimentos, esses enlevos são passageiros, superficiais; não têm raízes em nossa vida, em nosso destino.

36
RAMALHETE

São seis travessas gentis
Tão sedutoras, tão belas,
Qual seis trementes estrelas
Qual seis minhons colibris.

Marina — a graça perfeita —
E' a mais mimosa.
Parece
Um níveo botão de rosa
Que ao sol mais brando se inclina
Esmaece.

Somente em graça a iguala
Paulina — a esquiva
Que em vão
Minh'alma cativa
Busca atrair, compreender.
Gêmeas são.

Ao par gentil logo se une
Ivone — a hermosa —
Morena.
Sempre a sorrir, carinhosa,
Mil corações logo encanta
A pequena.

Esta trindade galante
Em breve enfeita
Araci
A meiga fada que deita
Quebranto em mim desde o instante
Em que a vi.

Após vem Tosca — a faceira
Que nos encanta
E seduz.
Dos olhos seus, onde canta
A mocidade, a alegria
É a luz.

Olhai agora: Adelina
A doce bela
Aparece
É a mais formosa; é aquela
Por quem minh'alma suspira
E padece.

São seis travessas gentis
Tão sedutoras, tão belas,
Qual seis trementes estrelas
Qual seis minhons colibris.

E ao vê-las todas quietinhas
Como um "bouquet" feiticeiro
De lindas flores, florinhas
Quisera ser jardineiro
Para plantá-las juntinhas
Em meu mais lindo canteiro.

37
PENSAMENTO XVI

Uma cousa conquistada é sempre um desengano a mais na vida, por melhor que seja a conquista.

A conquista do amor, todavia, não é um desengano: é uma aspiração realizada, um impulso interno satisfeito, conquanto seja de qualquer forma a morte do sonho.

38
DESFALECIMENTO

Tranqüilo eu suportava a minha vida
Sem temor e sem pejo.
Até que apareces-te, oh! ilusão nascida
Do meu desejo.

O que era outrora um gozo hoje é um penar.
Como tudo mudou!
Minh'alma já nem sabe onde pairar
No abismo em que tombou.

É escuro tudo em volta. Uma esperança
Que bálsamo seria!
Mas tão remota é a luz! Como a bonança
Agora surgiria?

O náufrago, perdido, encontra abrigo
Na imensidão do mar?
Como chegar seu grito a um peito amigo
Se o vento o não levar?

Mil gozos antevi num só momento
Mil gozos antevi!
Um céu todo de luz. Que sofrimento!
A tudo já perdi.

E agora essa tristeza me persegue
Sem repouso de um dia.
Os sonhos desmoronaram. E a vida segue
Por estrada sombria…

39
PENSAMENTO XVII

Somente a conquista da sabedoria não deixa lugar a desenganos ou contrariedades.

❖

A sabedoria ou o gênio distinguem um homem entre mil como um diamante que refulge entre pedras brutas.

40
INTERROGAÇÃO

Noite branda de luar, de estranho misticismo
A sombrear silente o mundo adormecido.
Noite clara de luz, cheia de magnetismo,
Que nos invade a alma e o corpo enlanguescido.

No teu silêncio augusto oh! noite, eu sofro e cismo
No que poderei ser, no que já terei sido
Acima destes céus que brilham, deste abismo
Luminoso e sem fim, que o olhar sonda perdido.

Avaro te contemplo oh! noite pura e calma
E sinto renascer a dúvida em minh'alma
A respeito do ser e do destino do mundo.

Onde é que mora a luz? Na terra onde mourejo?
Nos céus que escruto em vão? Sou cego e nada vejo.
Onde é que mora a luz — oh! pélago profundo?

41
PENSAMENTO XVIII

No terreno dos sentimentos transitórios o que é preciso é não conquistar as cousas completamente — não vazar a taça — para que elas possam sempre viver em nós como cousas ainda não realizadas; possam continuar a viver em nós como aspirações; como um véu de segredos que só muito lentamente se vai descerrando.

Isto é sadismo moral?

Não: é estesia, é arte na filosofia da vida.

42
REVELAÇÃO

Há um instante em nossa vida em que nosso eu, saciado
Das sensações mortais da carne e da matéria
Se volta para o Além; foge a este mundo e ascende
Aos páramos da luz, na grande paz sidéria.

Desperta, então, noss'alma ao grande ignoto inquire:
Donde procedo eu? Que ideal busco, disforme?
É sonho ou vida real esta existência abstrata?
É ignorância ou erro esta inconsciência enorme?

E u'a voz então se eleva — a do Silêncio — e exclama:
Que tentas desvendar! Trabalha, sofre, ama.
Que fado é o teu, quem és, donde procedes? Olha

O teu próprio interior. Aí, sob essa cruz
Pesada da matéria o enigma, folha a folha
Se entreabre e se desvenda em toda sua luz.

43
CONTRASTES

No mundo tudo é falso e tudo mente.
Tudo é enganoso, sob o céu, na terra.
A mão que hoje te afaga docemente
Bem cedo te repele. É a lei. Descerra

Os véus negros da vida: lentamente
Verás que o que era luz sombras encerra
Que o mal é o bem; que o amor é a dor; que a gente
Mal sabe quando acerta ou quando erra.

É o contraste fatal. Em tudo existe
E a mais rósea ventura torna triste
E o mais doce prazer muda em tormento.

Não existe assim também no peito humano
Para cada alegria um sofrimento
Para cada esperança um desengano?

44

ALTAIR[3]

Abram-se os céus enfim. Que esplenda essa verdade
Luz eterna de amor e de sabedoria.
Trevas somente em volta. A imensidade
Assombra e desconcerta a crença mais bravia.
Imersa em dor, tenaz, noss'alma te procura
Réstia de luz, sutil, qual cego em noite escura!

1940[4]

[3] Estrela de primeira grandeza da *Constelação da Águia*. (Nota da Editora)
[4] A menção da data é para distinguir dos poemas escritos na mocidade do autor. (Nota da Editora)

45
DO OUTRO LADO...

Além da Vida
Depois da morte, além
Dos pórticos sombrios
Dos tétricos umbrais
Que aos fracos apavoram;
Além dessa cortina
Escura
Que limita a vida,
A vida continua.
É u'a leve transição somente
E o eterno evoluir dos seres
Se acentua
Nas órbitas dessa luz
Mais luminosa
Do além.

Na tranqüila mansão do azul
A paz impera
Por momentos
E a alma ali descansa
Das fadigas terríveis
Da última jornada.
Dos liames fatais da carne
Libertada

Ela adormece em calmo sono...
E assim, ante o juiz
Severo da consciência
Se pesam, se proclamam
Os erros do passado...

E então vai-se despindo
Sem terrores
Do manto denegrido dos seus erros.
É a ideal metamorfose
Da crisálida.
Aos poucos vai surgindo um ser mais puro
De tal arte
Que, após, eis que desperta
Mais branca, mais leve, mais brilhante,
Santificada
Pelo sofrimento,
Purificada
Pelo clarão da verdade
Que anteviu
Num esplendor
Sobrenatural.

O sofrimento, a dor, as más paixões,
O amor
As ilusões e os desenganos,
As doces alegrias tão fugazes
E a tristeza da vida dolorosa;
E tudo o quanto a alma encanta e embala
E tudo o que a angustia e entenebrece,
Tudo são provações,

Ensinos e lições
Que do Supremo nos vem.
Bendito o sofrimento.
É a força de impulsão
Necessária à vida
Como o orvalho à planta ressequida
Ou como o pranto
Ao coração dos que padecem.

46
TUA CASA

Depois que tu partiste em busca de outros lares
A casa que abrigou-te emudeceu tão triste
Como se a envolvessem as sombras tumulares
Do mundo em funeral, depois que tu partiste.

Depois que a abandonaste, ali rondam aos pares
As mágoas e o pesar, as dores e a tristeza
E cobrem-na pairando, intensas, pelos ares,
As vozes saturnais da própria Natureza.

Deserta é a casa agora; é um ninho sem calor.
É um sonho escuro e mau, sem vida e sem fulgor
Porque já não reflete a luz dos teus olhares.

E ali, se agora eu vou, me abismo na saudade
Que a natureza inteira oprime, enluta e invade
Depois que tu partiste em busca de outros lares.

47
A CANÇÃO DO MAR

Eu sou o mar sem fim... o trovador lendário
De todo este universo.
Ouvi a minha voz, meu canto extraordinário
Em mágoas sempre imerso.
Eu vivo a modular a estranha melodia
Da vida e da tristeza.
Parai e me escutai: tereis tanta harmonia
Em mim, tanta beleza
Que haveis de acreditar que no meu seio existe
Um outro mar, de sons, a modular mais triste
Mais cheio de ansiedade
O canto funeral
Fatal
Da eternidade.

Quando me veste o véu gelado dessas brumas
Que são como sonhos
Brancos e risonhos
A flutuar
Pelo ar

O som da minha voz
No dorso das espumas
Percorre a funeral escala
Dos lamentos
Mais fundos

E vai morrer, além, levado pelos ventos,
Em báratros e vórtices profundos.

No firmamento azul, as pálidas estrelas
Lâmpadas acesas
Presas
Na cúpula dos céus — cansadas sentinelas —
Eternamente a sós
Adormecem a sorrir — despertam docemente —
Que embala mansamente
O leve sono delas
O som da minha voz.

Eu sou o mar que vibra e ruge sem descanso
E geme eternamente.
A medo às vezes beijo a praia assim, de manso...
Outras vezes, fremente,
Eu sorvo as róseas naus dos navegantes loucos
Que aos poucos
Vão rasgando
Meu seio na ambição, fatal, que os vai levando.

Às vezes quando o céu, nas convulsões tremendas
Do seu rancor
Estende sobre a terra inteira, ameaçador,
O seu manto de horrendas
Incertezas,
No meu dorso veloz os ventos sibilantes,
As lufadas ovantes
Dos feros vendavais perpassam, pouco a pouco,
Presas
Desse anseio louco
Que encerra

Toda minha raiva fria
E vão dizer além, pelo céu, pela terra
Na voz da tempestade
Que é mais negra que o céu; mais forte e mais sombria
Que o rude vendaval
Essa força brutal
Que dorme ou vibra aqui na minha imensidade

Depois tudo se acalma e o repentino alvor
Do céu de novo azul
Vem refletir-se então serenamente, êxul,
No espelho do meu dorso
Que num supremo esforço
Retorna a contemplar de novo o esplendor
Do céu que o irritou...

Espelho eu sou do céu — do céu escravo eu sou...
Eu sou o velho mar. O eterno trovador
De cantos singulares.
E a mim próprio enebria o eco embalador
Dos meus rudes cantares.

Se a luz do sol me oscula em ondas rutilantes,
Em mágicos fulgores,
Qual doiradas flores
Abrem-me à luz
A flux
Meus tesouros viris e sobre mim, radiantes,
Os barcos multicores
Dos pescadores
Vão cantando a sorrir, seus cantos brilhantes
De glórias, de amores...

A voz de Deus daqui do meu seio se eleva
Grandiosa, extraordinária,
A nos dizer que há luz até na própria treva
A nos contar que até na campa solitária
Onde a saudade chora
A vida mora,
E que si é imenso o mar
Mais imenso é o poder que eterno o faz vibrar.

Mistérios que dormis no seio meu cativos
Da força que em mim vibra, estua e ruge e clama.
Sois pedestais altivos
Do meu poder — da glória que proclama
A grandeza de Deus.
Mistérios eternais. Diante dos elos teus
Mortais
Hão de cerrar-se, unir-se, os velários fatais
Das ambições. Ouvi:
Vencido hade de curvar-se o gênio humano aqui.

Eu sou luta, estridor, força, grandiosidade
E sou morte, negror, mistério, eternidade.

48
QUEM ÉS?

Tu passas por mim como uma réstia de luz e, ante ela, meu olhar se acende em uma fosforescência nova, mais agudo agora, mais penetrante, melhor desvendando, compreendendo, admirando, as belezas da dor no mistério do ser.

Tu passas por mim como uma rajada de amor e meu coração se prende a ti, descansa em ti, porque te aceita como uma harmonia desconhecida e doce que o embala e que o alimenta; porque sente em ti a florescência duma planta rara no jardim da vida: o afeto sem explosões mortais de interesse, a confiança espontânea sem cálculo.

Tu passas por mim, no entanto, como a sombra de um mistério e meu Espírito se perde no teu como se n'um deserto! Que serás tu para mim oh! Meu sonho destes dias? Irmão, amante, amigo? Ou um corpo somente que vibra e que cansa; ou um coração somente que pulsa e que esquece; ou uma alma que somente sente porque sofre? Como serás tu para mim a minha luz se não fores também o meu amor deixando então de ser o meu mistério?

49
NOSTALGIA

Quando a tarde morrer nas grimpas azuladas
Das rochas que ali vês, imóveis, seculares.
E erguerem-se dos sinos as vozes compassadas
Acordando em teu seio os sepultos pesares

Quando das solidões do azul fores chegadas
As sombras que entristecem a terra e pelos ares
Ouvires o ressoar das preces soluçadas
No remanso, na paz santíssima dos lares.

E quando desse enlevo intenso fores presa
Talvez, num tumultuar de mágoas, de tristeza,
Te venham visitar os sonhos de outras eras…

Acolhei-os então. Que os sonhos são da vida
Mensageiros fiéis da crença mais querida
Balsâmicas visões de mortas primaveras.

50
PENSAMENTO XIX

Preciosas recordações!
D'outros tempos, do que amamos
Revivem tais ilusões
Evocam tanto a lembrança
Que noss'alma não se cansa
De contemplá-las, pois vamos,
Como se em tela animada
Prazeres, mágoas, revendo
E assim de novo vivendo
A nossa vida passada.

SÉRIE EDGARD ARMOND

Sempre Bons Livros e Muito Conhecimento à Luz da Doutrina Espírita!

Os Temas Mediúnicos

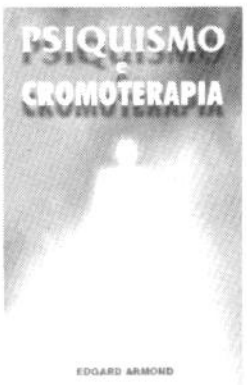

Psiquismo e Cromoterapia
O funcionamento da mente e suas repercussões espirituais. As cores e a aura.

Desenvolvimento Mediúnico
Um roteiro perfeito para o bom funcionamento da mediunidade.

Mediunidade
Seus aspectos, desenvolvimento e utilização

Passes e Radiações
Métodos de cura e tratamento espiritual.

Os Romances e a História Espiritual da Humanidade

Amor e Justiça
onflito de um casal entre s erros da vida passada e o momento atual.

Às Margens do Rio Sagrado
A Índia como um cenário de evolução espiritual.

A Dupla Personalidade
Estudo de um caso de regressão de vidas passadas.

Na Cortina do Tempo
Sobreviventes salvos da Atlântida preservam seus conhecimentos destinados à posteridade.

Almas Afins
A trajetória de Espíritos afins desde a submersa Lemúria até os dias atuais.

A Hora do Apocalipse
Esclarecimentos sobre a polêmica virada do milênio.

Os Exilados da Capel
A formação e evolução d raças no planeta Terra.

Os Temas Doutrinários e Evangélicos

Relembrando o Passado
Casos diversos vividos em 35 anos
de experiências doutrinárias.

Comentários Evangélicos
Comentários evangélicos
pelo dr. Bezerra de Menezes.

Verdades e Conceitos I e II
O ideal de Aliança em
importantes resoluções
históricas.

Salmos
Enaltecimento à evolução
e à reforma íntima pelo
Evangelho.

Religiões e Filosofias
Estudo comparado entre
as religiões e filosofias
de ontem e de hoje.

Respondendo e Esclarecendo
Resposta e centenas de
questionamentos sobre
Doutrina Espírita.

Semeadura I e II
Temas doutrinários abordados
com objetividade e clareza..

Enquanto é Tempo
Pontos essenciais da
Doutrina dos Espíritos.

O Redentor
Vida, obra e
ensinamentos do
Mestre da Galiléia.

Mensagens e Instruções
Importantes mensagens
de Edgard Armond aos
trabalhadores espíritas.

Lendo e Aprendendo
Mais temas doutrinários,
com índice remissivo de
Semeadura I e II.

Na Seara do Evangelho
Focaliza assuntos
da vivência diária, com
explicações doutrinárias.

Outras Obras

Edgard Armond, meu pai
Vida e obra de Edgard Armond,
escrita pelo filho,
Ismael Armond

Iniciação Espírita
Curso regular das
Escolas de Aprendizes
do Evangelho.

Vivência do Espiritismo Religioso
Programas
do movimento da
Aliança Espírita Evangélica.

Entendendo o Espiritismo
Curso básico de Espiritismo,
enfocando evolução
histórica e doutrinária.

Conheça também nossas edições em espanhol!